AF496283

ENCORE
LES DOTATIONS

NOUVEAU MANIFESTE

contre la Bourse des Contribuables

APPRÉCIÉ PAR

le National, la Réforme, la Patrie,

ET RÉFUTÉ PAR

M. LHERBETTE, à la Chambre des Députés,

DÉDIÉ A

M. DE CORMENIN.

Un petit sou, s'il vous plaît?
Pas de Dotation, c'est le mot du pays et de la Chambre.
(*Courrier Français*).

Prix : 30 cent.

PARIS,
CHEZ TOUS LES LIBRAIRES DE LA FRANCE
ET DE L'ÉTRANGER.

1844.

Imprimerie Bureau, rue Coquillière, 22.

« Sommes-nous crédules, nous autres bourgeois de Paris ! A peine eût-on remis les pavés des barricades chacun dans son trou, que nous dîmes, en nous frottant les mains : enfin, nous allons donc posséder un gouvernement à bon marché ! Ce sera une chose bien curieuse à voir, car elle est rare (1).

Et pourtant, ne vous en déplaise, M. de Cormenin, vous, l'un de ces factieux, assurément, dénoncés par le grand et grave *Moniteur* comme ennemi du trône que la révolution de 1830 a fondé ; et vous tous qui avez, soit *inventé*, soit accrédité et propagé

(1) CORMENIN, 3me lettre sur la liste civile.

dans le public tant et de si graves erreurs à propos de la dotation de la famille royale, ne vous en déplaise, malgré votre ton ironique, depuis tout à l'heure quatorze ans, nous jouissons de ce rare et curieux spectacle d'un gouvernement à bon marché.

Quittez cet air de doute, s'il vous plaît, trêve aux railleries, il n'est plus temps de rire : ceci devient grave et sérieux. Ouvrez le *Moniteur* du 30 juin 1844 — un beau dimanche d'été qui s'est voilé la face et d'attendrissement en a versé des larmes de pluie — vous y trouverez la preuve que nous possédons un gouvernement à bon marché.

Ce n'est point, n'ayez pas peur, dans les comptes du budget que réside cette preuve; de ce budget que les Chambres vont demain voter à la course, et qui s'arrondit à la modique somme de 1300 millions, sans compter les crédits supplémentaires, complémentaires, extraordinaires, etc., etc. — la langue française est si riche en synonymes budgétaires que je ne suis pas très sûr de les avoir tous énumérés, d'autant plus que nos économes gouvernants ont l'esprit si fécond qu'ils en inventent chaque jour de nouveaux, afin de ne pas manquer. Je ne les en blâme pas : il faut savoir plumer la poule sans la faire crier.

Cette preuve par le budget est trop vulgaire, et celle dont il s'agit est bien autrement concluante. Lisez, mais lisez donc, et si vous n'avez le cœur plus dur qu'un bloc de granit, vous ne pourrez ne pas frémir en apprenant que les princes et princesses puînés sont sur les dents et ne peuvent vivre plus longtemps si Jacques Bonhomme, lui si riche, ne leur octroye à chacun une petite dotation. — Force vous sera bien alors de reconnaître que si nous n'avions pas été si parcimonieux, si nous n'avions pas tellement eu soif de ce bon marché rare et curieux, si surtout les factions, ces horribles, mais fort utiles fantômes, n'avaient pas égaré l'opinion par *les plus insidieux mensonges et dans les plus coupables desseins*, nos honnêtes et loyaux ministres n'en seraient pas aujourd'hui réduits à imiter les jeunes enfants de la Savoie, à tendre leur innocente main, en prononçant d'un air plus ou moins candide cette phrase traditionnelle :

Un petit sou, s'il vous plaît?

D'où vient cette nécessité, si ce n'est du bon marché extrême auquel on nous a passé notre gouvernement?

Aussi le *Moniteur* en appelle au peuple lui-même, ni plus ni moins. C'est bien un peu révolutionnaire, anarchiste, mais c'est pour la bonne cause. Voici l'article du grave journal :

« On a beaucoup parlé de la question de dotation de la famille royale; elle n'a jamais été discutée.

» De là tant et de si graves erreurs répandues à ce sujet dans le public.

» Ces erreurs ont été, soit inventées, soit accréditées et propagées par les factions ennemies du trône que la revolution de 1830 a fondé.

» Un grand mal politique en est résulté. Non seulement le roi et la famille royale ont subi une injustice; mais le roi a été indignement calomnié; sa situation, ses intentions ont été représentées au pays sous le jour le plus faux, à l'aide des plus insidieux mensonges, et dans les plus coupables desseins.

» C'est une nécessité et un devoir de détruire ce travail des factions ennemies, de rétablir sur cette grave question la vérité des droits et des faits, et d'éclairer les hommes honnêtes et sincères, déplorablement abusés.

» En droit, la question est maintenant régie par l'article 21 de la loi du 2 mars 1832, qui a réglé la liste civile du présent règne, et qui porte :

« En cas d'insuffisance du domaine privé, les dotations des fils puînés du roi et des princesses ses filles seront réglées ultérieurement par des lois spéciales. »

« Avant cette loi, et au moment où la révolution de 1830 s'accomplit, le chef de la maison d'Orléans était en possession de tout ce qui était resté de l'ancien apanage de sa maison, en vertu de l'art. 4 de la loi du 15 janvier 1825, ainsi conçu ; »

« Les biens restitués à la branche d'Orléans, en » exécution des ordonnances royales des 18 et 20 » mai, 7 octobre et 17 novembre 1814, et prove- » nant de l'apanage constitué à Monsieur, frère du roi » Louis XIV, pour lui et sa descendance masculine, » continueront à être possédés, aux mêmes titres » et conditions, par le chef de la branche d'Orléans, » jusqu'à extinction de sa descendance mâle, auquel » cas ils feront retour au domaine de l'état. »

« Parmi les conditions ainsi attachées, en vertu de l'ancien droit public, des précédents et de la loi de 1825, à la possession de l'apanage d'Orléans, étaient spécialement les trois suivantes :

« 1° Le prince apanagiste devait une légitime aux princes ses fils et frères, et une dot aux princesses ses filles et sœurs ;

» 2° Si le prince apanagiste arrivait au trône, son apanage était réuni de plein droit au domaine de la couronne qui, avant 1791, n'était point distinct du domaine de l'état ;

» 3° Au moment où elle s'accomplisissait, cette réunion ouvrait aux princes de la branche apanagée, qu'elle privait de leur droit éventuel à la succession de l'apanage, un droit de revendiquer, pour eux-mêmes, sur le domaine de la couronne, un apanage spécial transmissible, aux mêmes titre et conditions, à leur lignée masculine.

» La loi du 15 janvier 1825 a formellement maintenu ces conditions et ces droits.

» La révolution de 1830 en a amené l'application. En vertu de l'avénement du roi au trône, et par l'art. 4 de la loi du 2 mars 1832, l'apanage d'Orléans a été réuni au domaine de la couronne. Les princes, fils puînés du roi, se sont trouvés ainsi privés du droit de succession éventuel que leur assurait l'art. 4 de la loi du 15 janvier 1823. Dès lors, et en vertu des lois écrites comme de l'équité, s'est ouvert pour eux le droit à une compensation.

» C'est ce droit qu'a reconnu et consacré l'article 21 de la loi du 2 mars 1832, en disant : « Les dota- » tions des fils puînés du roi et des princesses, ses filles, seront réglées ultérieurement par des voies » spéciales. »

C'était en ces termes seulement qu'était rédigé l'article 20 du projet de la loi sur la liste civile, présenté à la chambre des députés, le 3 octobre 1831, par M. Casimir Pérrier.

» Mais, par suite d'un amendement adopté par les chambres et sanctionné par le roi, cet article, devenu l'article 21 de la loi du 2 mars 1832, porta définitivement :

» *En cas d'insuffisance du domaine privé*, les » dotations des fils puînés du roi et des princesses » ses filles, seront réglées ultérieurement par des » lois spéciales. »

« Ainsi, pour ouvrir le droit des fils puînés du roi et des princesses ses filles, à des dotations réglées par des lois spéciales, la loi exige que le domaine privé soit insuffisant pour y pourvoir. Mais, si cette insuffisance existe, le droit existe aussi ; les dotations sont dues et doivent être réglées par des lois spéciales.

» Tel est le droit dans cette question, le droit formellement établi et consacré par les anciens principes de la monarchie, par la loi du 15 janvier 1825 et par celle du 2 mars 1832.

Il n'y a donc, quand la question s'élève, qu'un point de fait à examiner : « Le domaine privé du roi » est-il insuffisant pour pourvoir aux dotatations. »

» L'examen attentif de ce point de fait ne peut laisser aucun doute à cet égard.

» Comme duc d'Orléans, et avant son avénement au trône, le roi a trouvé dans la succession paternelle 31 millions de dettes inscrites et admises par les tribunaux, et moins de 16 millions de valeurs. Ce n'est qu'en y consacrant une partie des revenus insaisissables de ses biens apanagers qu'il a pu, dans intervalle de douze ou treize ans, accomplir une liquidation qui impose encore aujourd'hui des charges à son domaine privé.

» La totalité des sommes que le roi, comme duc d'Orléans, a reçues en indemnité (5 millions), en vertu de la loi du 27 avril 1825, a été absorbée par l'achèvement et l'embellissement du Palais-Royal, incorporé maintenant, comme faisant partie de l'ancien apanage, dans le domaine de la couronne.

» Et pourtant, sans parler des charges de la royauté auxquels il est pourvu par la liste civile, les charges imposées au roi, pour l'entretien de la famille royale, se sont accrues et s'accroissent de jour en jour.

» Il y a plus d'un siècle, lorsque le duc d'Orléans, trisaïeul du roi, fut investi, pendant la minorité de son neveu le roi Louis XV, de la régence du royaume, non seulement ce prince se refusa constamment à puiser dans les revenus de l'état, trouvant que sa fortune personnelle et son apanage lui permettaient de ne pas y recourir, mais il fit construire à ses frais, pendant la régence, les canaux d'Orléans et de Loing, et contracta, pour accomplir ce grand travail, des dettes considérables.

» C'est le roi qui, en qualité de duc d'Orléans et d'héritier du régent, a liquidé, depuis son retour en France, en 1814, la dernière partie de ces dettes; et pour faire face aux dépenses de sa couronne et de sa famille, que sa liste civile et son domaine privé réunis ne suffisaient pas à couvrir, le roi a été obligé, il y a quelques années, d'engager à la caisse des dépôts et consignations les débris qui lui son revenus de la propriété de ces mêmes canaux créés par le duc d'Orléans, régent, et à ses frais.

» Aucune prodigalité personnelle ne porte dans l'administration soit de la liste civile, soit du domaine privé du roi, aucun désordre.

» S. A. R. Mme la princesse Adélaïde, sœur du roi, lui a donné et lui donne tous les jours des marques d'un dévouement et d'une générosité presque sans exemple au sein même des familles unies par l'intimité la plus tendre.

» Cependant, pour suffire aux charges qui lui sont imposées comme roi et comme père, le roi s'est vu et se voit forcé de contracter des dettes de jour en jour croissantes, qui grèvent son domaine privé, jusqu'à présent unique patrimoine des princes ses fils puînés et des princesses ses filles.

» Un tel état de choses est contraire aux principes de la justice, aux conseils de la politique, à la dignité du pays comme à celle de la couronne.

» En droit strict, et aux termes de nos lois, des dotations sont dues aux princes puînés et aux princesse de la famille royale, car le domaine privé est insuffisant pour y pourvoir.

» L'équité est blessée que les fils puînés et les filles du roi soient, à raison même de son avénement au trône, privés des droits qui leur eussent appartenu si le roi fût resté duc d'Orléans, et que ce qui fait, par l'élévation de leurs aînés, la grandeur de leur maison, porte à la situation des branches cadettes une aussi grave atteinte.

» C'est le conseil d'une politique prévoyante, et l'intérêt permanent de l'état, que la famille tout entière soit fortement constituée, et que les branches cadettes soient constamment maintenues au niveau du rang qu'elles occupent autour de ce trône qu'elles doivent soutenir, et sur lequel un droit éventuel leur est attribué.

» Enfin, l'honneur du pays et du trône veut que les calomnies propagées par leurs ennemis communs reçoivent un solennel démenti.

» Pour que cette grave question puisse être convenablement soumise à l'examen des chambres, il faut d'abord que les bons citoyens, les hommes justes et sensés, soient éclairés sur la vérité des choses, et concourent eux-mêmes à dissiper ce nuage d'erreurs grossières et de mensonges perfides, amassés avec tant de soin pour obscurcir, aux yeux du pays, les droits et les faits. On disait souvent en France : « Si le roi le savait ! » Le gouvernement du roi dit aujourd'hui : « Que la France le sache ! » La France ne voudra pas que la famille royale ne conserve pas, sous notre monarchie constitutionnelle, les droits et la situation qui étaient légalement garantis à la famille du duc d'Orléans. »

Eh bien ! qu'en dites-vous de cette longue proclamation financière ? Paris en est resté stupéfait. Qui se serait attendu à ces hautaines paroles? Les dotations sont dues et doivent être réglées par des lois spéciales. Jusqu'à présent tout le monde avait cru que s'il était dans le droit du ministère de présenter aux Chambres un projet de dotation ou de dotations, il était aussi dans le droit de la Chambre de rejeter projet et ministère. Ainsi fit-elle déjà dans sa déplorable ignorance, comme le dit fort peu courtoisement le *Moniteur;* mais vivent les gens à expédients! Quand ils ne peuvent vaincre une difficulté ils la tournent. Pour éviter un pareil échec à l'avenir, ce n'est plus une demande que l'on adresse aujourd'hui; c'est un droit que l'on établit, non pas pour un, mais pour tous, nés et à naître sans doute. Bravo, mes maîtres, quand on prend du galon, on n'en saurait trop prendre, et après tout, il n'y a que les honteux qui perdent.

« On a assez reproché à la liste civile de mendier une dotation; aujourd'hui, elle exige *les dotations dues en droit strict, et aux termes de nos lois, aux princes puînés et aux princesses de la famille royale!* On ne tend plus humblement la main; on la lève avec un geste impérieux et menaçant, pour attester l'équité, la justice; intimider les uns, déconcerter les autres, et faire que tant d'audace profite à tant d'avidité.

» De l'audace, toujours de l'audace... nos pères se disaient cela pour battre l'ennemi; on se le dit, aujourd'hui, pour battre monnaie.

» L'avarice, même en France, s'est faite cynique, maintenant que l'or gouverne seul le monde; elle prend le ton qui sied à la toute-puissance, et comme elle est devenue reine, à la place de l'opinion, l'avarice se complaît à tout oser contre celle-ci. » (*Réforme.*)

Oui, des dotations sont dues aux princes et princesses, comme compensation des pertes et dommages que leur a causés l'*événement* de 1830, en appelant au trône le duc d'Orléans.

Ces dommages sont évidents. N'est-ce pas un malheur pour la famille d'Orléans que son chef, comme souverain, dispose de la fortune de la France, et comme premier magistrat de la nation reçoive d'elle un traitement annuel de douze millions, plus le revenu des domaines royaux, évalué à dix millions, sans compter la jouissance de tant de palais, de châteaux, de parcs magnifiques et du mobilier de la couronne, estimé seul à trente-deux millions ?

N'est-ce pas un malheur pour la famille d'Orléans que le prince royal reçoive, en cette qualité et par cela seul qu'il est éventuellement appelé à monter sur le trône, une somme annuelle de deux millions de francs ?

N'est-ce pas un malheur pour la famille d'Orléans d'avoir reçu de la France pour la dot de la princesse Louise un million bien compté ?

N'est-ce pas un malheur pour la famille d'Orléans qu'un état de choses qui a permis aux fils puînés de devenir amiraux, généraux, que sais-je ? en passant, il est vrai, par tous les grades... en une enjambée, comme on fait d'un ruisseau peu large...

En vérité, une indemnité est bien due à ces pauvres princes et princesses, et la France ne saurait la leur refuser sans montrer une ladrerie révoltante. De quoi s'agit-il, après tout, pour les contribuables ? de payer quelques centimes de plus par tête... Bah ! quelques-uns de plus ou de moins !

Il est vrai qu'un journal radical se permet une petite observation à l'endroit de cette indemnité. Mais que voulez-vous attendre de ces radicaux ? Ce sont gens si mal élevés !

« Si, comme dit le *Moniteur*, le droit à une compensation a été ouvert pour les princes de la maison d'Orléans par suite de la révolution de 1830, que ne doit-elle pas, celle-ci, au duc de Bordeaux pour l'avoir déshérité et banni ? S'il faut, et encore et toujours, empiler l'or dans les coffres de la liste civile, que faire pour les enfants de ces valeureux citoyens auxquels la révolution a décerné le bronze de la Bastille. » (*Réforme.*)

Quelle insolite comparaison ! les enfants des vainqueurs de juillet ! il s'agit bien d'eux, vraiment ! Qu'ils travaillent et qu'ils versent dans la tirelire de M. Guizot une partie de leur nécessaire, afin d'augmenter le luxe et le superflu des princes, et s'ils ne sont pas contents ensuite, ma foi, c'est qu'ils ne seront pas raisonnables !... De si bons princes !

Vous ne pouvez revenir de votre étonnement, et vous ne comptiez guère sur une surprise de ce genre. Vous aviez bien entendu parler d'une dotation pour le futur régent, qui, Dieu le veuille! ne sera peut-être jamais régent, et vous saviez que cette prétention avait été repoussée au début de la session par la Chambre.

Cela vous avait semblé assez naturel, puisqu'on n'est guère dans l'usage de rétribuer des fonctions qui n'existent pas, et qu'on fait au contraire exercer des fonctions sans les rétribuer, grâce au grand mot : surnumérariat. Mais on ne renonce pas si facilement; et au lieu d'une, ce sont des dotations qu'il faut aujourd'hui, en vertu des ordonnances de 1814, de la loi de 1825 et de la loi de 1832, auxquelles vous n'aviez guère pris garde.

Malheureusement dans cette dernière loi de 1832, six mots ont été introduits sous forme d'amendement, et ces six mots à eux seuls causent aujourd'hui quelque embarras aux quêteurs ministériels.

« *En cas d'insuffisance du domaine privé*, disent ces six mots, les dotations des fils puînés du roi et des princesses ses filles, seront réglées ultérieurement par des lois spéciales. »

Ainsi (c'est le *Moniteur* qui parle), pour ouvrir le droit des fils puinés du roi et des princesses ses filles, la loi *exige* que le domaine privé soit insuffisant pour y pourvoir.

Maudit amendement, va! qu'avait-il besoin de venir gâter une loi rédigée avec tant de prévoyance par... Casimir Périer! C'est quelque factieux d'alors qui l'aura présenté, et voici les factieux d'aujourd'hui qui s'en emparent.

« Cette disposition formelle, dit la *Patrie*, n'a pas été introduite dans la loi sans des motifs graves. L'article officiel insiste longuement et à diverses reprises sur la réunion de l'*apanage* de la maison d'Orléans au domaine de la couronne, lorsque le chef de cette maison est monté sur le trône en 1830. Il ne dit pas que le *domaine privé* aurait dû être réuni de même. Il parle du droit « formellement » établi et consacré par les anciennes monarchies ; » il ne dit pas qu'au nombre de ces principes s'en trouvait un qui a été méconnu, et dont la violation a fait au roi et à sa famille une position bien différente de celle que le roi de France avait autrefois. Il ne dit pas que si des dotations étaient *dues* aux fils puînés du roi et aux princesses ses filles, c'était parce qu'il n'existait pas de domaine privé qui pût pourvoir à leur établissement. En effet, il était d'usage, il était de droit public en France, de temps immémorial, que le roi, à son avénement au trône, réunit tous ses biens à ceux de l'État. Napoléon proclamé empereur n'abandonna pas cet usage national. Louis XVIII s'y conforma également. Après lui, Charles X le suivit avec le même respect. Tous les biens de son apanage particulier furent immédiatement réunis à ceux de l'État. Le roi actuel, Louis-Philippe, voulut le premier faire exception à cette règle, et nous dirions volontiers à ce principe, également respectable dans sa pensée et dans ses effets. Toutefois, ce ne fut pas en violant directement l'usage, ce fut en l'éludant qu'il s'affranchit de ses conséquences. Après les journées de juillet, lorsque M. le duc d'Orléans, déjà nommé lieutenant-général du royaume, ne put douter de sa prochaine élévation au trône, il se hâta de prendre ses précautions pour n'avoir pas à confondre ses biens, comme roi, avec les domaines de l'État. Il en disposa immédiatement, comme particulier, et les partagea d'avance entre ses enfants. Il était à remarquer, d'ailleurs, que le roi, en attribuant ses biens à ses enfants, ne leur avait donné que la nue propriété, et qu'il avait gardé entièrement l'usufruit. Ce sont ces considérations qui ont déterminé l'adoption de l'amendement qui exigeait, pour qu'une nouvelle dotation fût accordée aux enfants du roi, la preuve de l'insuffisance du domaine privé.

« Dans cet état de la législation, l'insuffisance du domaine privé devrait donc être d'abord établie, démontrée, à l'appui de tout projet de loi d'apanage, de dotation annuelle, ou de paiement de dot au profit d'un des enfants du roi. Or, c'est là une preuve qui ne saurait être fournie. »

« En droit, dit le *National*, il faut prouver l'insuffisance du domaine privé. La prouve-t-on par des allégations vagues ? Montrez donc vos livres et qu'on les examine pour savoir la vérité. La liste civile est pauvre, à ce qu'il paraît, au point d'engager ses effets au Mont-de-Piété. Ceci est bien touchant, et cette liste civile, si cruellement obérée, nous arrache des larmes. Pourtant, si au lieu de ces suppliques, nous examinons les faits parfaitement connus de tout le monde, nous nous sentons un peu moins émus.

« Ces faits, il faut les rappeler brièvement ; ils contiennent toute la question.

« Quelle est la valeur du domaine privé ? On en juge naturellement par les revenus, et les revenus le portent, en maximum, à 100 millions.

« Le roi reçoit, de plus, 12 millions par an en argent monnayé du budget ; plus les revenus du domaine de la couronne, ce qui porte la liste civile à 22 millions annuels.

« Mme Adélaïde, dont on nous peint le dévoûment avec tant de chaleur, a une fortune évaluée à 90 millions.

« Le duc d'Aumale a hérité de 80 millions laissés par le duc de Bourbon.

» Il y a donc, dans cette maison, une fortune dont le capital se monte à 270 millions. Et l'on vient parler de sa pauvreté.

« Mais le roi, dira-t-on, ne peut pas disposer de la fortune de Mme Adélaïde, ni de celle du duc d'Aumale, soit ; mais on conviendra que celui-ci est assez bien doté déjà pour que nous ne soyons pas inquiets ; et quant aux autres, ils partageront la fortune de leur tante, ce qui peut aussi nous rassurer quelque peu sur leur avenir.

« Voyons d'ailleurs si cette liste civile a bien le

droit de venir demander qu'on l'inscrive au nombre des nécessiteux. Nous n'avons pour cela qu'à relever ce qu'elle a touché de *revenus* depuis quatorze ans.

« Revenu annuel de 12 millions pendant quatorze ans.	168 millions.
« Domaine de la Couronne, évalué à 10 millions par an au moins. . .	140 id.
« Domaine privé, rapportant de 4 à 5 millions par an (nous prendrons 4).	56 id.
« Dotation du prince royal.	21 id.
Total.	385 millions.

« Voilà donc un modeste denier de 385 millions mis dans des mains connues pour être peu prodigues, et nous sommes de l'avis du *Moniteur*, quand il nous dit avec naïveté : *Qu'aucune prodigalité personnelle ne porte dans l'administration, soit de la liste civile, soit du domaine privé du roi, aucun désordre.* Ceci n'est contesté par personne. Raison de plus pour qu'on nous explique comment on a dépensé les 385 millions bien et dûment touchés depuis quatorze ans ! On nous déclare que, pour fournir à l'entretien de ses enfants, la liste civile reçoit les secours généreux de Mme Adélaïde. Alors où sont donc passés ces 385 millions ? »

Quelle indiscrète question ! si l'on vous y envoyait voir, publiciste curieux, vous auriez peut-être un long voyage à faire.

Quoi qu'il en soit, vous l'entendez, MM. les ministres, il faut prouver; c'est le vœu de la loi ; c'est la condition indispensable, *sine quâ non.* A l'œuvre donc, et quand vous nous aurez convaincu, peut-être consentirons-nous à laisser puiser encore dans notre bourse.

Mais dans un état de choses tel que celui que signalent les deux journaux que nous venons de citer, ne pouvant les citer tous, il était difficile d'arriver à une démonstration d'insuffisance..... N'y a-t-il pas remède à tout, et l'art de prouver les faits de manière à en faire sortir le contraire de ce qu'ils contiennent, n'est-il point un grand art ?

En dissimulant les ressources et en montrant qu'il a fallu, au prix de grands sacrifices, éteindre des dettes, ne réussirait-on pas à émouvoir la sensibilité de ce peuple toujours si bon, de ce peuple que l'article du *Moniteur* est appelé à éclairer ; au bon sens, à l'équité, à l'impartialité duquel il s'adresse, ainsi que l'a déclaré M. Guizot.

Aussi, pas un mot des recettes, mais en revanche, comme ce petit paragraphe est touchant:

« Comme duc d'Orléans, et avant son avénement au trône, le roi a trouvé dans la succession paternelle 31 millions de dettes inscrites et admises par les tribunaux, et moins de 16 millions de valeurs. Ce n'est qu'en y consacrant une partie des revenus insaisissables de ses biens apanagers qu'il a pu, dans un intervalle de douze ou treize ans, accomplir une liquidation qui impose encore aujourd'hui des charges à son domaine privé. »

Et comme celui-ci, qui le suit presque immédiatement, est bien fait pour vous achever, et vous démontrer que vous ne pouvez refuser ce qu'on vous demande.

« Et pourtant, sans parler des charges de la royauté auxquelles il est pourvu par la liste civile, les charges imposées au roi, pour l'entretien de la famille royale, se sont accrues et s'accroissent de jour en jour. »

Malheureusement la Chambre des députés s'est émue de la requête du ministère, et il s'est trouvé là un certain M. Lherbette, — signez-vous, lecteurs, ce doit être un factieux — qui, demandant compte à M. Guizot de sa nouvelle publication, très regrettable, selon M. Dupin, a cru devoir rétablir les faits en ces termes :

Puisque M. le ministre dit qu'il faut préparer l'opinion publique, l'article officiel du gouvernement est un article auquel les journaux ordinaires n'auront pas l'autorité suffisante pour répondre, et n'auront pas d'ailleurs les ministres en face pour que les réponses portent.

L'article ministériel nous parle d'abord de l'accession de l'apanage au domaine de la couronne, lors de l'avènement au trône; mais il oublie de vous dire que cet apanage, on avait fait en sorte qu'avant qu'il se réunît au domaine de la couronne, il fût bien moins fructueux, il rapportât bien moins de revenus que lors de la restitution qui en avait été faite au prince sous la Restauration. Des coupes énormes, extraordinaires, contraires aux lois d'aménagement avaient dévasté ces domaines, comme au surplus la liste civile empiète maintenant sur le fonds des forêts dont la jouissance seulement lui est concédée.

Mais ce qu'on oublie encore de dire, ce sont les précautions qui ont été prises pour que le prince, en montant sur le trône, conservât ses biens personnels. Vous savez tous, messieurs, quelles étaient les lois de la monarchie; vous savez tous que lorsque le prince montait sur le trône, il mourait comme homme pour renaître roi. On voulut qu'il fût identifié à la nation; qu'il y eût, pour me servir des énergiques expressions de l'édit de 1667, de Henri IV, entre la nation et le roi, un véritable mariage. Dans ce mariage, sous le régime de la communauté, le roi apportait ses biens en dot. En 1830, je ne dis pas que le mariage n'a pas eu lieu, mais il a été fait avec séparation de biens. (Vif mouvement. — Hilarité à gauche.)

En 1832, à la différence de ce qui avait eu lieu jusqu'alors, on a décidé que les biens du domaine privé ne feraient pas dévolution à la couronne. On a voulu que le roi conservât ses biens; dès lors la nation n'eut plus à doter ses enfants; ils durent être simplement considérés comme princes ayant droit aux biens de leurs parents. Voilà donc la convention de la loi de 1832, constitutive de la liste civile. Seulement elle a ajouté qu'ils pourraient être dotés en cas d'insuffisance du domaine privé. Eh bien, je vous le demande, est-ce là le cas de nous parler, comme le fait l'article du ministère, d'abandon des intérêts privés, de sentiments d'abnégation? Les circonstances étaient délicates, l'avenir était incertain, et l'on prenait des précautions pour cet avenir. En voici d'autres: comme on ne pouvait prévoir si la dérogation au principe monarchique de la dévolution serait consentie par les chambres; comme on pouvait craindre qu'elles n'exigeassent que les biens du roi fussent réunis au domaine de l'Etat, comme cela s'est toujours pratiqué, le prince, pour sauver ses biens, en fit à ses enfants une donation devant Me Dentend, notaire à Paris, le 7 août 1830. Mais en donnant, il fallait s'arranger pour ne pas trop se priver. On a su habilement tout concilier. Le prince a fait donation de ses biens; mais il s'en est réservé l'usufruit. En sorte qu'il a fait à ses enfants une donation de biens qui devait leur revenir par succession si le principe de la dévolution était anéanti, et qu'il se réservait la jouissance de ce qu'il donnait. C'était paraître donner beaucoup tout en ne se privant de rien.

Maintenant, y a-t-il insuffisance du domaine privé? Je ne pense pas traiter cette question à fond. Il faudrait beaucoup de chiffres. (Rires au banc des ministres.) Ne souriez pas, messieurs les ministres, car, je vous le déclare, si je n'ai pas tous les chiffres de détail, j'ai ceux des masses. Et si vous voulez la discussion au fond, je l'accepte dès à présent.

Je commence par dire que ce ne serait pas à moi,

à la chambre, à faire la preuve de la suffisance des biens. C'est au ministère qui demande à faire la preuve de l'insuffisance du domaine privé, et il ne l'a pu, lors de ses demandes itératives.

Je vous dirai d'abord que la valeur des biens du domaine privé s'élève à **plus de 571 millions**, qu'il y a là en forêts le tiers de l'étendue des forêts de l'Etat. Est-on si pauvre avec cela? — Autre question touchée par le *Moniteur*, et qui est beaucoup plus délicate à traiter. L'article nous dit que le roi, en recueillant la succession de son père, l'a trouvée obérée et en a payé les dettes. Ecoutez les chiffres.

M. LE PRÉSIDENT. Ce n'est pas la question.

M. LHERBETTE. M. le ministre avait demandé que l'opinion publique fut éclairée.

M. LE PRÉSIDENT. Il n'y a pas de discussion ouverte là-dessus.

M. LHERBETTE. Je vous demande pardon. Je réponds à une assertion de l'article du ministère.

On a renoncé à la succession du duc d'Orléans, qui était obérée de plus de 43 millions de dettes, et n'avait qu'environ 5,600,000 fr. d'actif, et on a accepté celle de la duchesse douairière d'Orléans, du prince Conti et de Mme de Bourbon, dont l'actif s'élevait à 34 millions, et le passif à 5 millions et demi; en sorte qu'en définitive, dans les indemnités des émigrés, la famille royale a touché 28 millions et demi. Vous voyez donc bien que l'article du *Moniteur*, dont on accepte la responsabilité, était un article tout à fait erroné. (Dénégation au banc des ministres.) »

Que pensez-vous maintenant de l'insuffisance du domaine privé, qui possède plus de 571 millions de biens? et des dettes de la succession, auxquelles il a fallu consacrer une partie des revenus insaisissables des biens apanagers, dans un intervalle de douze à treize années pour accomplir une liquidation qui impose encore aujourd'hui des charges au domaine privé?

En vérité, le ministère est bien malheureux d'avoir rencontré M. Lherbette, et j'ai bien peur que les princes et princesses ne se passent encore longtemps des dotations qu'ils voyaient déjà en perspective.

Pourtant il ne faut désespérer de rien, et malgré l'ordre du jour prononcé par la chambre à propos de l'article ministériel, M. Guizot n'est pas homme à renoncer à son projet favori. Il l'a dit: le cabinet pense que la dotation de branches cadettes de la famille royale est une condition utile et essentielle à un établissement monarchique.

Que la France le sache donc! Il n'y a ni trève ni pitié pour elle, il faut qu'elle dote jusqu'au dernier rejeton de la dynastie!

N'est-ce pas le cas de répéter avec M. de Cormenin:

« Il faut convenir que s'il n'y a rien de meilleur au monde qu'un roi, il n'y a rien non plus qui coûte plus cher. » (1)

Mais pourquoi donc ces dotations à la plus riche famille de l'Europe, s'il vous plaît, à une famille qui posséde le tiers des forêts de l'Etat, et un domaine dépassant la somme fabuleuse de plus de 571 millions? Onze personnes, même royales, ne peuvent-elles vivre avec un pareil denier, auquel il faut ajouter quatorze millions annuels pour la liste civile et la dotation du prince royal, et la large part faite au budget, aux amis et serviteurs de cette même famille?

La dynastie que la révolution de 1830 a exilée pratiquait largement la bienfaisance; elle donnait beaucoup, chacun le sait, et pourtant elle était moins riche que la maison d'Orléans. La liste civile de Charles X était de vingt-cinq millions de francs; mais, sur ces vingt-cinq millions, le roi payait cinq millions cinq cent mille francs de pen

(1) Lettres sur la liste civile.

sions, et soulageait ainsi de nombreuses infortunes ou récompensait des services qui n'avaient pas droit à une retraite sur les fonds de l'état. La maison militaire du roi coûtait à la liste civile trois millions deux cent mille francs. Or, si c'était là un grand luxe, on ne saurait méconnaître, d'un autre côté, que cette garde représentait une force qui pouvait être puissamment utile à l'état en cas de guerre étrangère. La maison civile du roi comprenait cinq grands services, ceux de l'aumônerie, de la chambre, de l'hôtel, des écuries, de la vènerie, qui employaient un personnel considérable, largement rétribué, et qui absorbaient ainsi plusieurs millions. Ces trois seuls articles de dépenses, indépendamment d'un grand nombre d'autres services dont les frais étaient alors plus considérables qu'aujourd'hui, réduisaient les revenus du roi à un chiffre inférieur à celui auquel est maintenant fixée la liste civile affranchie de toutes ces charges.

Et pourtant on ne voyait pas alors, comme on le voit aujourd'hui, les ministres de la restauration tendre la main à chaque instant, et revenir avec tant d'opiniâtreté à la charge pour obtenir des dotations et des apanages; aussi M. Lherbette a-t-il pu dire à M. Guizot, en parlant de la branche aînée : « On a eu le droit de la combattre, on n'a pas eu celui de la mépriser. »

Ministres de la dynastie nouvelle, qui ne craignez pas d'invoquer le passé en ce qu'il a de profitable pour vous, que n'avez-vous assez de courage pour l'imiter dans ce qu'il eut de noble et de grand? Ne vous souvient-il plus que nos anciens rois n'avaient pas la passion de thésauriser, et que s'ils furent quelquefois prodigues, ils savaient au besoin racheter leurs prodigalités par l'abnégation.

Louis XIV hésitait-il à envoyer sa vaisselle à la monnaie pour subvenir aux besoins de la guerre contre l'étranger? Et le trisaïeul du roi actuel, Philippe d'Orléans, régent pendant la minorité de Louis XV, ne refusait-il pas de puiser dans les coffres de l'état, trouvant que sa fortune personnelle lui permettait de n'y pas recourir?

N'avez-vous donc cité cet exemple que pour contraster avec les demandes nouvelles que vous faites ?

Y songez-vous ? En présence d'un budget de 1300 millions et qui se solde en déficit, d'une dette flottante de 500 millions, au moment où la réserve de l'amortissement est absorbée, quand l'Etat a besoin de toutes ses ressources jusqu'en 1855 pour suffire à ces vastes travaux qui grèvent le présent et attaquent l'avenir, vous ne craignez pas de jeter une audacieuse demande de dotation, non pas pour un, mais pour tous les enfants du roi.

En vérité vous êtes bien mal inspirés et bien coupables, et Lafontaine avait raison :

> Mieux vaut un sage ennemi
> Qu'un imprudent ami.

Mais votre tentative est vaine autant qu'imprudente ; non, « nous ne verrons plus se « reconstituer ces fortunes, ces maisons de « princes et de princesses, qui seraient une « véritable anomalie avec la révolution de juil- « let ; disons plus, un scandale, et qui affai-

« bliraient la confiance et le respect des « peuples pour la nouvelle dynastie : c'est de « sa simplicité, de sa modestie que la famille « royale doit tirer son éclat, et, en vérité, « j'ai beau me creuser monarchiquement la « tête, je ne crois pas que la charte de 1830 « ou toute autre fût en danger de mort, parce « que M. le duc d'Orléans ne serait pas tout « à fait aussi riche que M. le comte Roy ou « que M. le baron Rothschild. (1) »

Maintenant la Chambre et la presse ont fait leur devoir : elles ont défendu l'argent des contribuables, l'argent des pauvres, contre les entreprises du ministère ; c'est au pays à faire le sien.

Dans quelques jours les députés vont retourner dans leurs départements ; qu'ils trouvent partout le sentiment énergique de réprobation que soulèvent ces lois de famille, périodiquement remises en discussion, afin sans doute de les imposer de guerre lasse au pays ; que tous les citoyens leur répètent qu'avant de s'occuper du superflu des uns,

(1) CORMENIN. Seconde lettre sur la liste civile. 183

il faut assurer le nécessaire aux autres ; que dans nos campagnes, dans nos villes manufacturières, on leur montre nos laboureurs, nos ouvriers attendant une organisation sociale dans laquelle il y aura un lendemain pour eux. Ce sont là les questions qu'il est du devoir d'un gouvernement vraiment national de soulever avant les questions de dotation.

Puis, si, comme on l'assure, le ministère a recours à la dissolution, que les électeurs se serrent autour de mandataires fermes et désintéressés, et qu'ils n'envoient pour les représenter que des hommes qui auront pris pour devise :

Pas de dotation ; c'est le vœu du pays et de la Chambre.

Et maintenant, Dieu sauve la fortune de la France !

www.ingramcontent.com/pod-product-compliance
Ingram Content Group UK Ltd.
Pitfield, Milton Keynes, MK11 3LW, UK
UKHW021207230726
13926UKWH00001B/369

9 782014 060973